ふんわり、しっとり、もちもち
毎日食べたい手作りスイーツ＆パン
ごはんのおやつ

米本かおり

この本では、炊いたごはんを使った、おやつのレシピをご紹介します。
「ごはんのおやつ」と聞くと、驚かれるかもしれません。
でも、ごはんのデンプンから生まれる甘みやもちもち感は、他の素材にはない魅力です。
ごはんで作る昔ながらの伝統的なおやつもありますが、洋菓子やパンに加えると、
今までに味わったことのない新食感が楽しめます。
何よりごはんは、日本人である私たちにとって一番身近な食材です。
ぜひ毎日のおやつ作りに取り入れて、新しいごはんとの出会いをお楽しみください。

Contents

ごはんでおいしいおやつを作るために …… 4

Part 1
ごはんでおいしい「洋風お菓子」

- ドーナツ …… 6
- クッキー …… 8
- スコーン …… 9
- ごはんカスタード …… 10
- ● アレンジ1 ● ごはんタルト …… 11
- ● アレンジ2 ● ごはんシュー …… 12
- ライスケーキ …… 14
- パンケーキ …… 16
- マフィン …… 17
- スフレチーズケーキ …… 18
- キャロットスティックケーキ …… 20
- ごはんのチーズガレット …… 21
- チョコレートマーブルケーキ …… 22

Part 2
もっちりふっくら「ごはんパン」

- 基本のごはんパン …… 24
- ・手ごねでの作り方 …… 26
- ・ホームベーカリーでの作り方 …… 28
- ● アレンジ ● ラスク …… 29

- 白パン …… 30
- 五穀米パン …… 31
- 黒ごまパン …… 32
- しょうゆパン …… 33
- 甘酒パン …… 34
- 味噌ねぎパン …… 35
- 焼きいもパン …… 36
- おぐらパン …… 37
- 和風焼きカレーパン …… 38
- ピロシキ …… 40
- ナン …… 42
- 蒸しパン …… 43
- 黒糖ベーグル …… 44
- ピザ …… 46
- ● コラム 「ごはんパン」の科学 …… 48

Part 3
ヘルシーな「ごはんの軽食」

ごはんお好み焼き …… 50
卵とじゃこのチャーハン …… 50
冷やごはんの赤ワインリゾット …… 50
長いもドリア …… 52
雑穀とにんじんのピラフ …… 52
おやつパエリア …… 53
もちもちニョッキ …… 54
おこげスナック …… 55
プチおむすび …… 56
四角い焼きおにぎり …… 57

Part 4
手軽に作れる「伝統おやつ」

● コラム　秋田とお米のいい関係 …… 58
ごはんもち …… 58
ごはん団子 …… 60
ごはんおはぎ …… 61
せんべい・あられ・ぬれおかき …… 62
おこし …… 64
中華ごはんもち …… 65
いも蒸し羊羹 …… 66
五穀米まんじゅう …… 67
おやき …… 68
きりたんぽ …… 70
● コラム　「きりたんぽ」が生む楽しい時間 …… 70

Part 5
ひんやりすっきり「デザート＆ドリンク」

ごはん白玉 …… 72
● アレンジ1 ● 黒ごましるこ
● アレンジ2 ● しょうがシロップの団子
もっちりマンゴープリン …… 74
ココナッツコーヒープリン …… 75
アイスクリーム …… 76
ライスプディング …… 77
ブランマンジェ …… 77
甘酒 …… 78
バナナシェーク …… 78

ごはんでおいしいおやつを作るために

「ごはんのおやつ」はここがうれしい！

① ふんわり、しっとり、もちもちの食感が楽しめる

② やさしい甘みが加わって、砂糖控えめでもおいしくできてヘルシー

③ 食べごたえがあって腹もちが良いので、少量でもおなか満足

④ 残りごはんも利用できるから、材料費が節約できる

調理のポイント

おやつ作りにごはんを使うときは、ごはん粒をどれくらい残して入れるかで、できあがりの味や食感に違いが出ます。また、「パリパリ」「カリカリ」に仕上げたいあられやおかきなどは、ごはんを事前に乾かして水分を飛ばします。

粒を残したくないとき

・ミキサーにごはんと水分を入れて、トロトロになるまで混ぜる。

・ミキサーがないときや粒を大きめに残したいときは、ごはんを包丁で刻み、他の材料と混ぜ合わせる。

粘りを出したいとき

以下のいずれの方法でもOK！

・ボールやすり鉢にごはんを入れ、すりこぎでごはんをつぶす。

・ビニール袋にごはんを入れて、すりこぎでごはんをつぶす。

・ビニール袋にごはんを入れて、ごはん粒がつぶれるように手で揉む。

粘りを取りたいとき

・ごはんをざるに入れ水でよく洗う。

水分を飛ばしたいとき

・水で洗ったごはんをざるやバットに広げ、風通しの良い所で2〜3日乾燥させて、ぱらぱらにする。バットには吸水性の良いざら紙を敷くと良い。

この本で使うごはんについて

・茶碗1杯分のごはん＝160〜180g

・基本は常温のごはんを使います。一旦冷蔵庫に入れたり、冷凍したりしたごはんを使うときは、レンジなどで温めて常温に冷ましてから使いましょう。
温かいごはんのほうが良い場合などは、記載してあります。

この本の分量表記について

1カップ＝200ml（200cc）

大さじ1＝15ml（15cc）

小さじ1＝5ml（5cc）

食品名	小さじ1	大さじ1	1カップ
水	5g	15g	200g
塩	6g	18g	240g
砂糖	3g	9g	130g

食べ頃について

ごはんは時間が経つと、おかしやパンの中で粒がかたくなる場合があります。調理方法やどれくらい粒を残して入れるかにもよりますが、早めに食べたほうがおいしいでしょう。ごはんのおやつは、早めに食べれば食べるほど、ふんわりやもちもちの食感、甘みがおいしく味わえます。

Part 1

ごはんでおいしい
洋風お菓子

洋菓子にごはんというと、
ちょっと驚きの組み合わせかもしれません。
でも、ごはんはどんな食材とも馴染んで、
やさしい甘みやふんわりとした食感を引き出してくれるのです。
残りごはんで、いつものお菓子が
もっとおいしく変身します。

ドーナツ

調理時間 **90分**
（冷蔵庫60分含む）

材料（10個分）

A ┌ ごはん ……………………… 80g
　├ 卵 ………………………… 60ml
　└ 牛乳 ……………………… 50ml

無塩バター ……………………… 30g
砂糖 ……………………………… 70g
塩 ………………………………… 少々
薄力粉 …………………………… 230g
ベーキングパウダー …………… 8g
揚げ油 …………………………… 適量
グラニュー糖 …………………… 適量

［ 準備 ］
・無塩バターを室温に戻す。

作り方

① ミキサーにAの材料を入れ、トロトロになるまで混ぜる。
② ボールにバターを入れ、泡立て器でクリーム状に練り、砂糖、塩を加えすり混ぜる。
③ ①を3〜4回に分けて入れ、泡立て器でそのつどよく混ぜる。薄力粉とベーキングパウダーを加え、ゴムべらで手早く混ぜる。ラップに包み、冷蔵庫で1時間休ませる。
④ 強力粉（分量外）で打ち粉をし、③をめん棒で1cm厚さに伸ばす。ドーナツ型で抜く。
⑤ 180℃の揚げ油で揚げる。両面がこんがり色づいたら網の上で余分な油を落とし、グラニュー糖をたっぷりまぶす。

［ ポイント＆アドバイス ］

③

④

⇒ ③ 生地がやわらかいときは、冷蔵庫で休ませる時間を少し長めにしてみましょう。
⇒ ④ 型にも少し粉を振っておくと、生地が取れやすくなります。

定番おやつのドーナツも、
ごはんでふっくらおいしく仕上がります。
ごはんの分量をちょっと増やして、
もっちり感を出してもいいでしょう。

洋風お菓子

ころころかわいいクッキーは、ナッツとごはんの粒で歯ごたえを楽しめます。粉砂糖を使うから、しっとりとした食感です。

クッキー

材料（約12個分）

無塩バター		60g
A ┌ 粉砂糖		25g
｜ 塩		少々
└ バニラオイル		適量
カシューナッツ		40g
ごはん		40g
薄力粉		60g
粉砂糖（まぶし用）		適量

[準備]
- 無塩バターを室温に戻す。
- カシューナッツはフライパンで軽く炒り、粗みじんに刻む。
- ごはんを細かく刻む。

作り方

調理時間 50分

① ボールにバターを入れ、泡立て器でクリーム状に練り、Aの材料を加えすり混ぜる。
② カシューナッツ、ごはん、薄力粉を加えてよく混ぜる。
③ 直径2cmくらいに丸める。
④ クッキングシートを敷いた天板に並べ、160℃に予熱したオーブンで15〜20分焼く。
⑤ 完全に冷めたら粉砂糖をまぶす。時間をあけて2回まぶすと良い。

[ポイント＆アドバイス]

⇒ 準備／ごはんは粒をある程度残すように刻むと、焼き上がったとき、ごはんの歯ごたえが生かせます。

⇒ ③ 焼き上がりにムラが出ないよう、同じ大きさに丸めましょう。

ごはん入りのスコーンは、ふんわりとした焼き上がり。やさしい風味が、生クリームやジャムともよく合います。

洋風お菓子

スコーン

材料 (8個分)

- A
  - 薄力粉 ………………… 180g
  - ベーキングパウダー …… 大さじ1
  - 砂糖 …………………… 大さじ1/2
  - 塩 ……………………… 小さじ1/4
- 無塩バター ……………………… 100g
- 無糖ヨーグルト …… 1/2カップ (100ml)
- ごはん ……………………………… 50g
- 牛乳 ………………………………… 適量
- 生クリーム、ジャム、バターなど
  ……………………………… お好みで適量

[準備]
- 無塩バターは1cm角に切り、冷蔵庫で冷やしておく。

作り方

調理時間 40分

① フードプロセッサーにAの材料を入れ軽く混ぜ、さらに冷やしたバターを加えてさらさらになるまで混ぜる。

② ヨーグルト、ごはんを加え混ぜ、しっとりとしたらプロセッサーから出す。

③ 強力粉(分量外)をふるった台の上でまとめる。

④ めん棒で1.5cm厚さに伸ばし、直径5cmの型で抜き、クッキングシートを敷いた天板に並べる。

⑤ はけで牛乳を塗り、200℃に予熱したオーブンで10〜15分焼く。粗熱が取れたら泡立てた生クリームやジャムをお好みで添える。

[ポイント&アドバイス]

⇒ ① フードプロセッサーがないときは、ごはん粒が見えなくなるまで刻み、他の材料と一緒にボールの中で混ぜましょう。

⇒ ④ 生地がやわらかくてべたつくときは、軽く強力粉を振ったり、冷蔵庫で冷やしたりしてから型抜きしましょう。

ごはんカスタード

調理時間 15分

材料（2〜3人分）

ごはん	80g
牛乳	250ml
卵黄	2個分
砂糖	大さじ4
コーンスターチ	大さじ1 1/2
バニラエッセンスやリキュール	お好みで適量

作り方

① ミキサーにごはんと牛乳を入れ、トロトロになるまで混ぜる。さらに卵黄、砂糖、コーンスターチを加えてよく混ぜる。
② 鍋に移し、弱火でかき混ぜながら沸騰するまで火を通す。鍋底からプクプクしてきたら、お好みでバニラエッセンスやリキュールを加えて火を止める。

ごはん入りのカスタードクリームは、とろ〜り、やさしい甘さです。いろいろなお菓子にアレンジできます。

ごはんカスタードを使えば、難しそうなタルトだって簡単！カスタードのやさしい甘みが、洋梨とよく合います。

洋風お菓子

[ごはんカスタード・アレンジ1]
ごはんタルト

調理時間 70分

材料
（18cmタルト皿1台分／底が抜けるもの）

- 無塩バター ……………………… 15g
- 牛乳 …………………………… 大さじ2
- ● アーモンドクリーム
  - 無塩バター ………………… 50g
  - 砂糖 ………………………… 大さじ4
  - 卵 …………………………… M1個
  - アーモンドパウダー ……… 50g
- ごはんカスタード ……………… 100g
  （10ページ参照）
- 洋梨（缶詰） …………………… 適量
- クラッカー ……………………… 80g

[準備]
- タルト皿にバター（分量外）を塗って、強力粉（分量外）を振る。
- 無塩バター15gは、湯煎して溶かしバターにする。
- アーモンドクリーム用のバターは室温に戻す。
- 洋梨はスライスする。

作り方
① ビニール袋にクラッカーを入れ、細かく砕く。溶かしバター、牛乳を加え、タルト皿に敷く。
② ボールにアーモンドクリームの材料を入れて混ぜ、冷めたごはんカスタードを加え混ぜる。①の型に流し入れ、洋梨を飾る。
③ 180℃に予熱したオーブンで25分ほど焼く。

[ポイント＆アドバイス]
⇒ ① しっとりさせたクラッカーを、タルト皿の底に敷き詰めます。

[アレンジ]
あんずジャムを軽く火にかけたものを焼き上がりにはけでぬると、ツヤが出てよりきれいな仕上がりになります。

[ごはんカスタード・アレンジ2]
ごはんシュー

調理時間 60分

材料（10個分）

A ┌ 水＋牛乳（半量ずつ）……… 125ml
　├ 無塩バター ……………………… 50g
　├ 塩 ……………………………… ひとつまみ
　└ 砂糖 …………………………… 小さじ2

薄力粉 ……………………………… 70g
卵 …………………………………… 約3個

● 仕上げ用
　ごはんカスタード ……………… 200g
　　　　（10ページ参照）
　生クリーム …… 1/2カップ（100ml）
　砂糖 …………………………… 小さじ2
　バニラエッセンスやリキュール
　　　　……………………… お好みで適量

[準備]
・薄力粉をふるう。
・卵をよく溶きほぐす。
・クッキングシートの裏に、コップの底などを利用して、直径5cmくらいの円形をペンで書く。

作り方

① 鍋にAの材料を入れ、軽く混ぜて沸騰させる。火を止めて、ふるった薄力粉を加え、手早く混ぜる。
② さらに中火にかけながら1分ほど練る。火からおろし、様子を見ながら溶いた卵を少しずつ加える。適度なかたさになったら、卵を加えるのをやめる。
③ クッキングシートに書いた円形の中心に、1cmの丸口金で②を絞り出す。
④ ②で余った溶き卵をはけで表面に塗り、200℃に予熱したオーブンで20分、その後160℃に温度を下げてさらに15分焼く。オーブンから取り出し、あみの上で冷ます。
⑤ ボールに生クリームと砂糖を入れ、お好みでバニラエッセンスやリキュールを加え、ボールごと氷水につけながらしっかりと泡立てる。
⑥ ④のシュー生地が冷めたら半分に切り込みを入れ、ごはんカスタードを入れる。さらに⑤の生クリームを絞り袋に入れて絞り出す。

[ポイント＆アドバイス]
⇒ ② 生地をすくい上げたとき、ひと呼吸おいてからスーッと落ちるくらいのかたさになるように、卵の量で調節しましょう。
⇒ ③ クッキングシートに書いた印の大きさまで、生地を絞り出します。天板1枚に4〜5個が目安です。

カスタードといえば、やっぱりシュークリーム。
パリッと焼いたシューに
ごはんのカスタードをたっぷり入れて、
ボリューム満点です。

洋風お菓子

ライスケーキ

材料 (炊飯釜1個分)

炊いた雑穀米	200g
牛乳	1/2カップ (100ml)

A
- 生クリーム ……… 1/4カップ (50ml)
- 卵 ……… 2個
- 三温糖 ……… 50g

レーズン	20g
クルミ	30g
シナモン	少々

[準備]
- レーズンはざるに入れ、熱湯をかけてやわらかくし、キッチンペーパーで水分を取り、粗みじんに刻む。
- クルミはフライパンで軽く炒り、粗みじんに刻む。

調理時間 60分

作り方

① ミキサーに雑穀米と牛乳を入れ、トロトロになるまで混ぜる。さらにAの材料を加えよく混ぜる。
② ボールに移し、レーズン、クルミ、シナモンを加え混ぜ、サラダ油（分量外）を塗った炊飯釜に入れ、普通炊きでスイッチを入れる。
③ 炊き上がったら釜を取り出し、ひっくり返してケーキを出して粗熱を取る。

[ポイント＆アドバイス]
⇒ ② 混ぜ合わせた材料を炊飯器に入れたら、白ごはんを普通に炊くのと同じように設定して、スイッチを入れます。

材料を混ぜたら、あとは炊飯器におまかせ。
ごはんのもちもち食感と
クルミの歯ごたえがマッチした、
ヘルシーなおやつです。

洋風お菓子

ごはん派の朝食にもおすすめのパンケーキ。ごはんを入れると、食べ応えがあって腹もちの良いメニューになります。

パンケーキ

材料（直径10cm×4枚）

牛乳	1/2カップ（100ml）
ごはん	200g
無糖ヨーグルト	1/2カップ（100ml）
卵	1個
A 薄力粉	60g
砂糖	大さじ2
ベーキングパウダー	小さじ1
バニラエッセンス	少々
はちみつ、メープルシロップ、バターなど	お好みで適量

[準備]
・Aの材料を合わせてふるう。

作り方

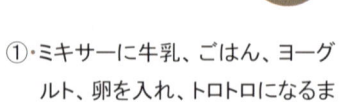

調理時間 30分

① ミキサーに牛乳、ごはん、ヨーグルト、卵を入れ、トロトロになるまで混ぜる。
② ボールに移してふるったAの材料を加え、泡立て器で混ぜる。粉っぽさがなくなったらバニラエッセンスを入れる。
③ テフロンのフライパンで中火で焼く。焼き色がついたら裏返し、弱火にしてふたをして蒸し焼きにする。火が通ったら皿に移し、はちみつやバターを添える。

[ポイント＆アドバイス]
⇒ ③ フライパンが温まり過ぎると焦げやすくなるので、2枚目以降を焼くときは、濡れ布巾の上で一度冷ますとよいでしょう。

⇒ ③ まわりが乾いてきたら焼き色を見て裏返します。焼き時間の目安は表3分+裏2分。ごはんが入っていると焦げやすいので要注意。

洋風お菓子

マフィン

薄力粉の一部をごはんに代えたら、ふんわりマフィンの完成。
お好みのトッピングで、いろいろなアレンジが楽しめます。

材料
（6個分／カップケーキ型
または紙マフィン型）

A ┃ ごはん ……………… 60g
　 ┃ 牛乳 ……………… 大さじ2
　 ┃ 卵 ………………… 1個
無塩バター ……………… 60g
砂糖 ……………………… 80g
塩 ……………………… ひとつまみ
薄力粉 …………………… 80g
ベーキングパウダー ……… 小さじ1

● トッピング
　レーズン、ゆでかぼちゃ、バナナ、
　チョコレートなど　お好みで適量

[準備]
・無塩バターを室温に戻す。
・薄力粉とベーキングパウダーを合わせてふるう。

作り方

調理時間 40分

① ミキサーにAの材料を入れ、トロトロになるまで混ぜる。
② ボールにバターを入れ、泡立て器でクリーム状に練り、砂糖と塩を加えて白っぽくなるまで混ぜる。①を少しずつ加え混ぜる。
③ 薄力粉とベーキングパウダーを加え、ゴムべらで混ぜる。
④ 生地を型の8分目くらいまで入れる。お好みでトッピングをのせ、180℃に予熱したオーブンで25分ほど焼く。竹串を刺して生地がついてこなければ、焼き上がり。

[ポイント＆アドバイス]
⇒ ②③ 混ぜ過ぎると、生地に粘りが出てかたくなります。あまり混ぜ過ぎないようにしましょう。

17

スフレチーズケーキ

調理時間 70分

材料
（15cm丸型1台分／底が抜けるもの）

ごはん	60g
牛乳	大さじ3
クリームチーズ	200g
砂糖	大さじ8
卵（Mサイズ）	3個
レモン	1/4個

[準備]
- クリームチーズは室温に戻す。
- 卵は卵黄3個分、卵白2個分に分ける。
- レモンは皮をすりおろし、汁を絞る。
- 型にバター（分量外）を薄く塗り、型に合わせて切ったクッキングシートをはりつける。湯煎焼きをするときにお湯が入らないよう、アルミ箔で下の部分をくるむ。

作り方

① ミキサーにごはんと牛乳を入れ、トロトロになるまで混ぜる。
② ボールにクリームチーズを入れすり混ぜる。①と砂糖大さじ6を加え、よく混ぜる。
③ 卵黄を1個分ずつ加え混ぜる。レモンの皮のすりおろし、汁も加える。
④ 卵白は別のボールに入れて角が立つまで泡立て、砂糖大さじ2を加える。さらに泡立てて、ピンと角が立つメレンゲの状態になったら、③に加え混ぜる。
⑤ 型に流し、170℃に予熱したオーブンで40分ほど湯煎焼きする。
⑥ オーブンから取り出し、周りにパレットナイフを入れ、完全に冷めるまでそのまま置き、型から出す。

[ポイント＆アドバイス]
⇒ ⑤ 天板に水を入れてオーブンに入れ、湯煎焼きをします。
⇒ ⑥ 焼き上がったら、ケーキとクッキングシートの間にぐるりとナイフを入れます。ケーキがしわしわになるのを防ぎます。

ソフトな口当たりに、
もちっとした食感が加わって、くせになるおいしさ。
小麦粉を使わないから、
小麦アレルギーの方にも安心です。

洋風お菓子

五穀米の質感が楽しめる、素朴で
ヘルシーなスティックケーキです。
きび砂糖を使うと、
コクのある味に仕上がります。

キャロットスティックケーキ

調理時間 60分

材料
（18cm角の角型一台分）

卵	2個
きび砂糖（三温糖）	55g
はちみつ	大さじ1
にんじん[すりおろし]	100g
A　サラダ油	40ml
炊いた五穀米	60g
レモンの皮[すりおろし]	少々
B　アーモンドパウダー	15g
薄力粉	80g
ベーキングパウダー	小さじ1/3
塩	ひとつまみ
ナツメグ、シナモン	各少々

[準備]
・にんじんは皮をむいてすりおろし、水分を軽く絞って100g分用意する。
・Bの材料を合わせてふるう。
・型にバター（分量外）を薄く塗り、型に合わせて切ったクッキングシートをはりつける。

作り方
① ・ボールに卵、きび砂糖、はちみつを入れ、泡立て器でしっかり泡立てる。
② ・すりおろしたにんじん、Aの材料を加え混ぜる。
③ ・Bの材料を加え、ゴムべらでしっかり混ぜる。
④ ・型に入れ、170℃に予熱したオーブンで30分ほど焼く。冷めたら棒状に切り分ける。

[ポイント＆アドバイス]
⇒ ① もったりとクリーム色になるまでしっかりと泡立てましょう。

洋風お菓子

ごはんの
チーズガレット

少ない材料で手軽に作れるおやつです。
粉チーズとピーナッツをトッピングすると、
おしゃれで香ばしい一品に。

材料（4枚分）

温かいごはん	150g
塩	小さじ1/4
粉チーズ	大さじ1
ピーナッツ	大さじ1
グラニュー糖	大さじ1

[準備]
・ピーナッツは粗みじんに刻む。

調理時間 15分

作り方

① ビニール袋にごはん、塩、粉チーズを入れ、ごはんがもちもちになるまでしっかりもみ、4等分にして丸める。

② ビニール袋に1つ戻し入れ、めん棒で直径10cmくらいに伸ばす。

③ 袋から出し、ピーナッツとグラニュー糖を振り、もう一度めん棒で押しつける。残り3つも②③を同じようにする。

④ テフロンのフライパンにバター（分量外）を敷き、中火で焼く。こんがりと焼き色がついたら裏返し、裏にも焼き色をつける。

[ポイント＆アドバイス]
⇒ ② 手のひらで平たく伸ばしてから、ビニールの上からめん棒でつぶすように伸ばしましょう。

チョコレートマーブルケーキ

調理時間 70分

材 料
（パウンドケーキ型1個分）

無塩バター	100g
砂糖	80g
卵	2個
ごはん	40g

A
- 薄力粉 ……… 70g
- アーモンドプードル ……… 20g
- ベーキングパウダー … 小さじ1/2

牛乳 …………… 大さじ2
チョコレート（ダークかスイート） … 70g

[準備]
- 無塩バターを室温に戻す。
- ミキサーに卵とごはんを入れ、トロトロになるまで混ぜる。
- Aの材料を合わせてふるう。
- 型にバター（分量外）を薄く塗り、強力粉（分量外）を振る。
- チョコレートを湯煎で溶かす。

作 り 方

① ・ボールにバターを入れ、泡立て器でクリーム状になるまで混ぜる。砂糖を3回に分けて加え、白っぽくなるまですり混ぜる。
② ・ミキサーにかけた卵とごはんを少しずつ加え混ぜる。
③ ・ふるったAを加え、ゴムべらで切るように混ぜる。さらに牛乳を加え混ぜる。
④ ・別のボールに③の1/3量を分け、溶かしたチョコレートを加え混ぜる。
⑤ ・④を③の2/3量の生地に戻し、1～2回切り混ぜて型に流し入れ、160℃に予熱したオーブンで45分ほど焼く。

[ポイント＆アドバイス]
⇒ ⑤　チョコレート入りの生地を3～4カ所に分けて落とし、切るように軽く混ぜます。

マーブル模様がきれいな、
チョコレート風味のケーキです。
粒を残したごはんが独特の風味を添えてくれます。
プレゼントにも最適。

洋風お菓子

Part 2

もっちりふっくら ごはんパン

ごはんパンの作り方はとっても簡単。
小麦粉の一部をごはんに代えるだけで、作り方は基本的に普通のパンと同じです。
しっとりもっちり、やさしい風味も備わって、おいしさもぐんとアップ。
くせがないから、幅広い具材やおかずとよく合います。

基本のごはんパン

材料（8個分）

A
- 強力粉 ………………… 210g
- ドライイースト ……… 小さじ3/4
- スキムミルク ……… 大さじ1（7g）
- 砂糖 …………………… 15g
- 塩 ……………………… 4g

- 無塩バター …………… 10g
- ごはん ………………… 100〜150g
  （分量はお好みで調節を）
- 水 ……………………… 130ml

◎ はじめに知っておきたいポイント＆注意点

● まずは材料と道具を揃えましょう。
[パン作りの道具]
写真左上から時計回りに、ボール、天板、クッキングシート、めん棒、はかり、計量カップ、計量スプーン、はけ、スケッパー、キッチンタイマー
その他、パンマット（または厚手の布巾）、ラップ、包丁 など

● 分量は正確に計りましょう。特に、イーストや塩の量は慎重に。
● 粉やイーストが古かったり、保存状態が悪かったりすると、パンがうまく膨らまないことがあります。粉類は乾燥した冷暗所や野菜室で、ドライイーストは0〜5℃で保存するのが最適なので冷蔵庫や冷凍庫で保存しましょう。
● 夏場や冬場は材料の温度管理に注意しましょう。
夏場……発酵が進みやすいので、冷たい水を使い、量を少なめに。ホームベーカリーは風通しの良い涼しい場所に置いて使います。
冬場……発酵が進みにくいので、水ではなくぬるま湯（30〜40℃）を使います。

● ごはんパンに入れるごはんの量は、多いほうがもちもち感が増しますが、多過ぎると膨らみが悪くなるので注意しましょう。
● ごはんは、熱々や、冷たくてかたくなったものは使わないこと。炊飯器で保温していたものをちょっと冷まして使うくらいが、ちょうど良い温かさです。
● パンを作るときには、こね方も大事です。材料をよく混ぜ合わせ、よくこね、たたんだりたたきつけたりして、粘りと弾力のある生地に仕上げます。両手に体重をかけ、力を込めて、手を前後に動かしながら、しっかりとこねましょう。

まずは基本的な材料で、
シンプルな「ごはんパン」を焼いてみましょう。
生地に粘りが出やすいので、
しっかりこねるのがポイントです。

ごはんパン

基本のごはんパン・手ごねでの作り方

① 【材料を混ぜる】

1. ボールにAの材料を入れ、手でよく混ぜる。

2. 室温に戻してやわらかくしたバターを加え混ぜる。さらにごはんを加えてほぐし、水を加えてよく混ぜる。

3. よく混ぜてひとまとめにする。ボールに生地がつかなくなればOK!

② 【生地をこねる】

1. 生地を台に移し、300回ほどこねる。両手でぐっと押さえながら上下に伸ばす。

2. ベタつかなくなるまでこねる。

3. 手でのばしてみて膜状になり、指が透けて見えればこね上がり。

③ 【一次発酵】

滑らかな面が上になるようにボールに入れ、ラップでふたをする。40℃に40〜50分置き、生地が1.5〜1.8倍になるまで発酵させる。

● ポイント＆アドバイス ●
オーブンの発酵機能や発酵器を利用するほか、お湯を入れたボールと一緒に発泡スチロールの箱に入れてもいいでしょう。

④ 【フィンガーテスト】

指で生地の中央を押し、くぼんだ跡がそのまま残れば発酵完了。

⑤【ガス抜き】

ボールから生地を取り出し、軽くつぶしてガスを抜く。

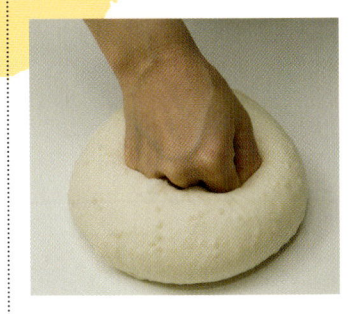

⑥【ベンチタイム】

1・スケッパーか包丁で8等分する。

2・片手でころがして丸める。

3・滑らかな面が上になるようにパンマットか厚手の布巾に並べ、パンマットやラップ、固く絞った濡れ布巾をかけて、10分休ませる。

⑦【成形】

丸め直し、クッキングシートを敷いた天板に並べる。

⑧【二次発酵】

ラップまたは固く絞った濡れ布巾をふんわりとかけ、1.5倍の大きさになるまで発酵させる。（温度や方法は一次発酵と同じ。）

⑨【焼成】

180℃に予熱したオーブンで10分ほど焼く。

焼き上がり！

ごはんパン

基本のごはんパン・ホームベーカリーでの作り方

ホームベーカリーを使えば、ごはんパンがもっと手軽で簡単に。
残りごはんも使えるから、毎日のおやつや朝食にぜひ取り入れてみてください。

① ドライイースト以外のすべての材料（24ページの材料〈8個分〉と同じ）をパンケースに入れる。

● ポイント＆アドバイス ●
バターは室温に戻したものを入れましょう。

② ドライイーストは指定の場所に入れる。

③ 「ごはんパンコース」または「食パンコース」を選択し、スイッチを入れる。

④ 焼き上がったら、型から出す。

● ポイント＆アドバイス ●
焼き上がったらすぐに型から出しましょう。余分な水分を飛ばし、ふわふわの仕上がりにするために、15〜30分くらい冷まします。

パン作り・失敗例

Case1　ボリュームがなく、全体的にかたい。

1. イーストが少ない、もしくは塩の入れ過ぎが原因かもしれません。材料は正確に計りましょう。
2. 発酵不足が原因かもしれません。フィンガーテストで指の跡が元に戻った場合は、発酵不足です。次からは一次発酵の時間を追加しましょう。
3. 夏は冷水、冬はぬるま湯を使いましょう。熱過ぎるとイーストが死んで、パンが上手に膨らまないことがあります。
4. こね上がった生地のかたさは適切でしたか？ 手で生地を伸ばしたときに穴があくときは、こね方が足りません。

- 生地の水分が足りないとき……十分にこねることができず、発酵不足になります。生地の目安は、耳たぶよりやわらかめです。
- 生地の水分が多いとき……「ごはんパン」は水分が多めなのでベタベタすることがあります。扱いづらいときは手に粉を軽くつけながら、しっかりこねてまとめましょう。

Case2　味が悪い。おいしくない。

1. イーストの入れ過ぎ、塩が少ないなどが原因かもしれません。
2. 発酵過剰が原因で、パンに酸味が出てしまったのかもしれません。フィンガーテストで指を抜くと全体がしぼむ場合は、発酵過剰です。次回からは発酵時間を短めにしましょう。
3. 正しい温度と時間で焼きましたか？ 生焼けの場合は、味が悪くなることがあります。

[基本のごはんパン・アレンジ]
ラスク

調理時間
15分
（+ 放置時間）

材料

基本のごはんパン …………… 適量

● トッピング
　A＝バター、砂糖………… 各適量
　B＝バター、にんにく[すりおろし]、
　　味噌……………………… 各適量

ごはんパンを焼いたら、
こんなおやつへのアレンジも
おすすめです。
いろいろな味付けで、
カリカリの歯ごたえを楽しんで。

作り方

① 基本のごはんパンを7〜8mm厚さにスライスし、食べやすい大きさにカットする。ラップなどをかけずにそのまま30分ほど置く。

② A＝パンにバターを塗り、砂糖を振る。
B＝室温に戻したバター、にんにくのすりおろし、味噌を混ぜ、パンに塗る。

③ 低温のオーブントースター（オーブンの場合は140〜150℃で12〜15分）で表面が乾くまで焼く。

[アレンジ]
Aのトッピングにプラスして、コーティングチョコをつけるのもおすすめです。チョコはパンが冷めてからつけましょう。

ごはんパ

白パン

基本のごはんパンの生地に粉を振って、低めの温度で焼きましょう。白くてやわらかな、風味の違うパンができあがります。

材料（8個分）

A
- 強力粉 ……………………… 210g
- ドライイースト ………… 小さじ3/4
- スキムミルク ………… 大さじ1（7g）
- 砂糖 ………………………… 15g
- 塩 …………………………… 4g

- 無塩バター ………………… 10g
- ごはん ……………… 100～150g
  （分量はお好みで調節を）
- 水 ………………………… 130ml
- 強力粉 …………………… 適量

作り方

① 【材料を混ぜる】～⑧【二次発酵】
 [「基本のごはんパン」（26～27ページ）
 ≪手ごねでの作り方≫①～⑧参照]

⑨ 【焼成】強力粉を振り、140℃に予熱したオーブンで15分ほど焼く。

[ポイント＆アドバイス]

⇒ ⑧ 二次発酵の終わったパン生地の全体に、茶こしで強力粉を振ります。

ごはんパン

五穀米パン

コッペパン形の五穀米パンは、粒の食感が楽しめるのも魅力。くせのないおいしさでどんな料理ともよく合います。

材料（2個分）

A
- 強力粉 ……………………… 210g
- ドライイースト ………… 小さじ3/4
- スキムミルク ……… 大さじ1（7g）
- 砂糖 …………………………… 15g
- 塩 ……………………………… 4g

無塩バター …………………………… 10g
炊いた五穀米 ……………… 100～150g
　　　　（分量はお好みで調節を）
水 …………………………………… 130ml

作り方

① •【材料を混ぜる】ボールにAの材料を入れて混ぜ、室温に戻したバターを加え、さらに五穀米と水を加え混ぜ、手でまとめる。

② •【生地をこねる】～⑤ •【ガス抜き】
「基本のごはんパン」（26～27ページ）
≪手ごねでの作り方≫②～⑤参照

⑥ •【ベンチタイム】2等分して丸め、滑らかな面が上になるように並べる。ラップまたは固く絞った濡れ布巾をかけて10分休ませる。

⑦ •【成形】コッペパンのような形にし、滑らかな面が上になるように天板に並べる。

⑧ •【二次発酵】ラップまたは固く絞った濡れ布巾をふんわりかけ、1.5倍の大きさになるまで発酵させる。

⑨ •【焼成】上に包丁で切れ目を入れ、180℃に予熱したオーブンで15分ほど焼く。

[ポイント＆アドバイス]

⇒ ⑦　生地をめん棒でだ円に伸ばし、上下を折りたたみ、さらに真ん中に集めてつまんでとじます。

31

黒ごまパン

練りごま入りのパンは、黒い色が特徴的。
ごまの風味が豊かで、香ばしさもたまりません。

材料（18cmパウンド型2台分）

A
- 強力粉 ………………… 210g
- ドライイースト ……… 小さじ3/4
- スキムミルク ……… 大さじ1（7g）
- 砂糖 …………………… 15g
- 塩 ……………………… 4g

- 無塩バター …………… 10g
- ごはん ………………… 100〜150g
  （分量はお好みで調節を）
- 水 ……………………… 130ml
- 黒練りごま …………… 大さじ1
- 黒ごま ………………… 適量

[準備]
・黒練りごまを水（130mlの一部）で溶く。

作り方

① 【材料を混ぜる】ボールにAの材料を入れて混ぜ、室温に戻したバターを加え、さらにごはん、水、水で溶いた黒練りごまを加え混ぜ、手でまとめる。

② 【生地をこねる】〜⑤【ガス抜き】
［「基本のごはんパン」（26〜27ページ）≪手ごねでの作り方≫②〜⑤参照］

⑥ 【ベンチタイム】8等分して丸め、滑らかな面が上になるように置く。ラップまたは固く絞った濡れ布巾をかけて10分休ませる。

⑦ 【成形】丸め直して、サラダ油（分量外）を塗ったパウンド型に4個ずつ並べる。

⑧ 【二次発酵】ラップまたは固く絞った濡れ布巾をふんわりとかけ、1.5倍の大きさになるまで発酵させる。

⑨ 【焼成】表面にはけで水を塗り、黒ごまを4カ所に振り、天板にのせ200℃に予熱したオーブンで15分ほど焼く。

[アレンジ]
パウンド型がない場合は、⑦で丸め直したら、そのまま二次発酵させ180℃に予熱したオーブンで12分ほど焼きましょう。

ごはんパン

しょうゆパン

やさしい甘みのごはんのパンは、しょうゆとも好相性。
海苔を巻き込んで、和風パンのできあがりです。

材料（18cm丸型1台分）

A
- 強力粉 ………………… 210g
- ドライイースト ……… 小さじ3/4
- スキムミルク ………… 大さじ1（7g）
- 砂糖 …………………… 大さじ1
- 塩 ……………………… 3g

- 無塩バター …………… 10g
- ごはん ………………… 100～150g
  - （分量はお好みで調節を）
- 水 ……………………… 130ml
- しょうゆ ……………… 小さじ2
- 焼海苔 ………………… 大判1枚
- 溶き卵 ………………… 少々

作り方

① 【材料を混ぜる】ボールにAの材料を入れて混ぜ、室温に戻したバターを加え、さらにごはん、水、しょうゆを加え混ぜ手でまとめる。

② 【生地をこねる】～⑤【ガス抜き】
［「基本のごはんパン」（26～27ページ）≪手ごねでの作り方≫②～⑤参照］

⑥ 【ベンチタイム】そのまま丸めて滑らかな面が上になるように置く。ラップまたは固く絞った濡れ布巾をかけて10分休ませる。

⑦ 【成形】丸め直してめん棒で伸ばし、海苔を置いて巻き、スケッパーや包丁で5等分にカットする。切り口を上にしてサラダ油（分量外）を塗った丸型に並べる。

⑧ 【二次発酵】ラップまたは固く絞った濡れ布巾をふんわりとかけ、1.5倍の大きさになるまで発酵させる。

⑨ 【焼成】表面にはけで溶き卵を塗り、天板にのせ190℃に予熱したオーブンで14分ほど焼く。

[**ポイント＆アドバイス**]

⇒ ⑦ めん棒で生地を20cm×20cmくらいに伸ばし、海苔を置いてロールケーキのようにくるくる巻きます。

33

甘酒パン

甘酒のほんのり甘い風味を活かして、ふっくら大きく焼き上げましょう。ごはん入りの甘酒(78ページ)を使えば、よりやさしい味に仕上がります。

材料（1個分）

A
- 強力粉 ………………… 210g
- ドライイースト ……… 小さじ3/4
- スキムミルク ……… 大さじ1/2（4g）
- 砂糖 ……………………… 大さじ1
- 塩 …………………………… 4g

- 無塩バター ……………………… 15g
- ごはん …………………………… 100g
- 水 ………………………………… 70ml
- 甘酒（78ページ参照） ………… 50ml
- 強力粉 …………………………… 適量

作り方

① 【材料を混ぜる】ボールにAの材料を入れて混ぜ、室温に戻したバターを加え、さらにごはん、水、甘酒を加え混ぜ、手でまとめる。

② 【生地をこねる】～⑤【ガス抜き】
[「基本のごはんパン」(26～27ページ)≪手ごねでの作り方≫②～⑤参照]

⑥ 【ベンチタイム】大きく丸め、ラップまたは固く絞った濡れ布巾をかけて10分休ませる。

⑦ 【成形】生地を丸め直し、滑らかな面が上になるように天板に置く。

⑧ 【二次発酵】ラップまたは固く絞った濡れ布巾をふんわりとかけ、1.5倍の大きさになるまで発酵させる。

⑨ 【焼成】包丁で十字に切れ目を入れ、茶こしで強力粉を振る。190℃に予熱したオーブンで16分ほど焼く。

[ポイント＆アドバイス]

⇒ ⑦ 生地がやわらかいので、カードまたはスケッパーに粉をつけながら、ふんわりと丸めましょう。

ごはんパン

味噌ねぎパン

くせのないごはんパンなら、味噌やねぎともぴったり。
甘いものが苦手な人にもおすすめです。

材料
（21cmのリングケーキ型1個分）

A ┃ 強力粉‥‥‥‥‥‥‥‥‥‥210g
　┃ ドライイースト‥‥‥‥‥小さじ3/4
　┃ スキムミルク‥‥‥‥大さじ1（7g）
　┃ 砂糖‥‥‥‥‥‥‥‥‥‥大さじ1
　┃ 塩‥‥‥‥‥‥‥‥‥‥‥‥‥3g

無塩バター‥‥‥‥‥‥‥‥‥‥10g
ごはん‥‥‥‥‥‥‥‥‥100〜150g
　　　　　（分量はお好みで調節を）
水‥‥‥‥‥‥‥‥‥‥‥‥‥130ml
味噌‥‥‥‥‥‥‥‥‥‥‥‥大さじ1
万能ねぎ[みじん切り]‥‥‥‥大さじ3

作り方

① •【材料を混ぜる】ボールにAの材料を入れて混ぜ、室温に戻したバターを加え、さらにごはん、水、味噌を加え混ぜ、手でまとめる。

② •【生地をこねる】台に移し、300回ほどこねる。生地がつやつやかになったら万能ねぎを入れ、軽く練り込む。

③ •【一次発酵】〜⑤•【ガス抜き】
　［「基本のごはんパン」（26〜27ページ）
　≪手ごねでの作り方≫③〜⑤参照］

⑥ •【ベンチタイム】8等分して丸め、滑らかな面が上になるように並べる。ラップまたは固く絞った濡れ布巾をかけて10分休ませる。

⑦ •【成形】丸め直し、サラダ油（分量外）を塗ったリングケーキ型に並べる。

⑧ •【二次発酵】ラップまたは固く絞った濡れ布巾をふんわりとかけ、1.5倍の大きさになるまで発酵させる。

⑨ •【焼成】天板にのせ190℃に予熱したオーブンで14分ほど焼く。

[ポイント＆アドバイス]

⇒ ⑦ リングケーキ型がない場合は、丸め直して天板に並べ、二次発酵させたら、180℃に予熱したオーブンで12分ほど焼きましょう。

35

さつまいものような形がかわいい、
甘くておいしいおやつパン。
ホクホクの焼きいもをパンで包み、
自然の味を楽しみましょう。

焼きいもパン

材料（4個分）

A ┌ 強力粉 ……………………… 210g
　├ ドライイースト ………… 小さじ3/4
　├ スキムミルク ………… 大さじ1（7g）
　├ 砂糖 ……………………………… 15g
　└ 塩 ………………………………… 4g
無塩バター ……………………………… 10g
ごはん ……………………………… 100〜150g
　　　　（分量はお好みで調節を）
水 ………………………………… 130ml
黒ごま ……………………………… 大さじ1
焼きいも ………………………………… 100g
強力粉 …………………………………… 適量

[準備]
・焼きいもは1cm角に切る。

作り方

① ・【材料を混ぜる】ボールにAの材料を入れて混ぜ、室温に戻したバターを加え、さらにごはん、水、黒ごまを加え混ぜ、手でまとめる。

② ・【生地をこねる】台に移し、300回ほどこねる。生地がつややかになったら焼きいもを入れて練り込む。

③・【一次発酵】〜⑤・【ガス抜き】
［「基本のごはんパン」（26〜27ページ）《手ごねでの作り方》③〜⑤参照］

⑥ ・【ベンチタイム】4等分して丸め、滑らかな面が上になるように並べ、ラップまたは固く絞った濡れ布巾をかけて10分休ませる。

⑦ ・【成形】コッペ形にする。

⑧ ・【二次発酵】ラップまたは固く絞った濡れ布巾をふんわりとかけ、1.5倍の大きさになるまで発酵させる。

⑨ ・【焼成】上に包丁で2ヵ所切れ目を入れ、茶こしで強力粉を振り、180℃に予熱したオーブンで14分ほど焼く。

[ポイント＆アドバイス]

⇒ ② めん棒でだ円に伸ばした生地にいもをのせて巻く。縦横を変えて軽く手で伸ばし、いもをのせて巻く。同じことをもう1回繰り返し、軽くこねましょう。

⇒ ⑦ 両端をつまんで、コッペ形にします。

おぐらパン

ごはんパン

大人も子どもも大好きな、代表的なおやつパン。
こしあんを包み込んだ"日本のパン"ともいえます。

材料（8個分）

A
- 強力粉 ………………… 210g
- ドライイースト ……… 小さじ3/4
- スキムミルク ……… 大さじ1（7g）
- 砂糖 …………………… 15g
- 塩 ……………………… 4g

- 無塩バター …………… 10g
- ごはん ……………… 100～150g
  （分量はお好みで調節を）
- 水 ……………………… 130ml
- こしあん（市販）…… 180g
- 溶き卵 ………………… 少々
- 黒ごま ………………… 適量

作り方

① 【材料を混ぜる】～⑥【ベンチタイム】パン生地を作る。
［「基本のごはんパン」（26～27ページ）≪手ごねでの作り方≫①～⑥参照］

⑦ 【成形】丸め直してめん棒で軽く伸ばし、8等分して丸めたこしあんを包み、滑らかな面が上になるように天板に並べる。

⑧ 【二次発酵】ラップまたは固く絞った濡れ布巾をふんわりとかけ、1.5倍の大きさになるまで発酵させる。

⑨ 【焼成】表面にはけで溶き卵を塗り、黒ごまを振り、180℃に予熱したオーブンで14分ほど焼く。

［ ポイント＆アドバイス ］

⇒ ⑦ 丸く伸ばした生地にこしあんをのせ、生地を中心に集めて包みます。

和風焼きカレーパン

材料（8個分）

「基本のごはんパン」の材料
　　　　　　　　　24ページと同量
溶き卵 …………………… 1個分
パン粉 …………………… 適量

● 具

A ┌ にんじん ………………… 100g
　│ ごぼう …………………… 50g
　│ れんこん ………………… 50g
　│ たまねぎ ………………… 150g
　└ しいたけ ………………… 1個
サラダ油 ………………… 大さじ1
にんにく[スライス] …… 1かけ分
水 …………… 1/2カップ（100ml）
はちみつ ………………… 大さじ1
りんごジャム …………… 小さじ2
塩こしょう ……………… 適量
カレールー ……………… 1かけ分

作り方

① ・【材料を混ぜる】～⑥・【ベンチタイム】パン生地を作る。
　［「基本のごはんパン」（26～27ページ）≪手ごねでの作り方≫①～⑥参照］

⑦ ・【具を作る】
　1　Aの材料をそれぞれみじん切りにする。
　2　鍋にサラダ油とにんにくのスライスを入れ、弱火にかける。香りが出てきたら1を炒め、しんなりしたら水を加える。煮立ったら、はちみつとりんごジャムを入れ、軽く塩こしょうする。
　3　ふたをして弱火で10分煮る。野菜がやわらかくなったら火を止め、カレールーを加える。再び中火で加熱し、水分を飛ばして味を調え、冷ます。

⑧ ・【成形】
　1　ベンチタイムが終わったパン生地を伸ばし、具を包む。
　2　溶き卵にくぐらせて片面にパン粉をまぶし、包み終わりを下にして並べる。

⑨ ・【二次発酵】ラップまたは固く絞った濡れ布巾をふんわりとかけ、1.5倍の大きさになるまで発酵させる。

⑩ ・【焼成】180℃に予熱したオーブンで14分ほど焼く。

［ ポイント＆アドバイス ］

⇒ ⑦　具のカレーはゆるいと包むのが難しいうえ、揚げるときにはみ出すので、かために仕上げます。ゆるい場合は、小麦粉や片栗粉で調節してもいいでしょう。

⇒ ⑧　生地をめん棒でだ円に伸ばし、具をのせ、まわりをつまんでしっかりととじます。

根菜のたっぷり入ったカレーパンは、
「基本のごはんパン」の生地で作ります。
オーブンを利用して、
ノンオイルでカリッと焼き上げます。

ごはんパン

39

ピロシキ

材料（8個分）

「基本のごはんパン」の材料
　　　　　　　　　24ページと同量
溶き卵 ……………………… 1個分
パン粉 ……………………… 適量
揚げ油 ……………………… 適量

● 具
　バター ………………………… 10g
　たまねぎ[みじん切り] ……… 50g
　牛豚合びき肉 ……………… 100g
　塩 ……………………… 小さじ1/4
　こしょう …………………… 少々
　ゆで卵[みじん切り] ………… 1個
　パセリ[みじん切り] ………… 少々

作り方

① 【材料を混ぜる】〜⑥【ベンチタイム】パン生地を作る。
　[「基本のごはんパン」(26〜27ページ)≪手ごねでの作り方≫①〜⑥参照]

⑦ 【具を作る】
　1　フライパンにバターを溶かし、中火でたまねぎを炒める。しんなりしたらひき肉を入れ、色が変わるまで炒めて塩こしょうをする。
　2　ゆで卵とパセリを加え混ぜ、冷ます。

⑧ 【成形】
　1　ベンチタイムが終わったパン生地を伸ばし、具を包む。（38ページ[ポイント&アドバイス]参照）
　2　溶き卵にくぐらせて全体にパン粉をまぶし、包み終わりを下にして並べる。

⑨ 【二次発酵】ラップまたは固く絞った濡れ布巾をふんわりとかけ、1.5倍の大きさになるまで発酵させる。

⑩ 160℃の揚げ油で両面をゆっくり揚げる。表面がこんがりと色づいたら引き上げ、油を切る。

[ポイント&アドバイス]
⇒ ⑧　パン粉を全体にまぶしましょう。カレーパン（38ページ）のようにオーブンで焼成するときは、片面だけにまぶします。

ひき肉やゆで卵の具を「基本のごはんパン」の
生地で包んでカリッと揚げて。
具だくさんで栄養たっぷり。
おなか満足の惣菜パンです。

ごはんパン

41

ナン

カレーには欠かせないナンも、ごはんを入れると、いっそうおいしくなります。フライパンでこんがり焼いて、焼き立てをカレーと一緒に味わってみてください。

材料（6個分）

A
- 強力粉 ……………………… 200g
- ドライイースト ……………… 小さじ1
- 無糖ヨーグルト …………… 大さじ1
- 砂糖 ……………………… 小さじ1
- 塩 ………………………… 小さじ1/4

- ごはん …………………… 100g
- ぬるま湯 ………… 1/2カップ（100ml）

作り方

① 【材料を混ぜる】ボールにAの材料を入れて混ぜ、ごはん、ぬるま湯を加え混ぜ、手でまとめる。

② 【生地をこねる】〜⑤【ガス抜き】
「基本のごはんパン」（26〜27ページ）
≪手ごねでの作り方≫②〜⑤参照]

⑥ 【ベンチタイム】6等分して丸め、滑らかな面が上になるように並べる。ラップまたは固く絞った濡れ布巾をかけ、10分休ませる。

⑦ めん棒で伸ばして表面にはけで水を塗り、中火のフライパンで両面を焼く。

[ポイント＆アドバイス]

⇒ ⑤ 生地は1cm厚さのしずく型に伸ばします。焼くときに油はいりません。ふっくらとなり、こんがり焼き色がついたらできあがり。

ごはんパン

蒸しパン

発酵のいらない蒸しパンは、いつでも手軽に作れます。
いろいろな野菜や豆類を使うと、よりヘルシーに。

材料（4個分）

ごはん	50g
水	120ml
砂糖	大さじ4
薄力粉	110g
ベーキングパウダー	小さじ1 1/2

● トッピング

かぼちゃ[1cm角切り]	適量
レーズン	適量
甘納豆	適量

作り方

① ミキサーにごはんと水を入れ、トロトロになるまで混ぜる。

② ボールに移し、砂糖を加え軽く混ぜる。さらに薄力粉とベーキングパウダーをふるい入れて混ぜ合わせ、紙コップに流し入れる。

③ お好みでトッピングをのせる。

④ 蒸気の立っている蒸し器に入れ、強火で15分ほど蒸す。

[ポイント＆アドバイス]

⇒ ② 生地は、型の8分目くらいまで入れましょう。プリンカップを使う場合は敷き紙を敷いてください。

黒糖ベーグル

材料（6個分）

A
- 強力粉 …………………… 210g
- ドライイースト ………… 小さじ1/2
- 黒砂糖 …………………… 大さじ1/2
- 塩 ………………………… 4g

- ごはん …………………… 100g
- 水 ………………………… 130ml
- 溶き卵 …………………… 適量

作り方

① 【材料を混ぜる】ボールにAの材料を入れて混ぜ、ごはん、水を加え混ぜ、手でまとめる。
② 【生地をこねる】 〜 ⑤ 【ガス抜き】
　［「基本のごはんパン」（26〜27ページ）≪手ごねでの作り方≫②〜⑤参照］
⑥ 【ベンチタイム】6等分して丸め、滑らかな面が上になるように並べる。ラップまたは固く絞った濡れ布巾をかけて10分休ませる。
⑦ 【成形】丸め直してドーナツ形にする。
⑧ 【二次発酵】ラップなどはかけず、40℃で30分置き発酵させる。
⑨ 【焼成】
　1　2リットルの湯に砂糖大さじ1（分量外）を加え、沸騰させる。⑧を入れ、上下を返しながら30秒ほどゆでる。
　2　サラダ油（分量外）を塗った天板に並べ、はけで溶き卵を塗って、190℃に予熱したオーブンで15分ほど焼く。

[ポイント&アドバイス]
⇒ ⑦ ドーナツ形に成形するときは、ワインなどの瓶の口で中心に穴をあけ、指で大きく伸ばすと簡単です。

ごはん入りのベーグルは、
表面は歯ごたえがあって、中はもちもち。
黒糖を使うと、風味良く仕上がります。

ごはんパン

ピザ

ピザ生地も、ごはんを入れるとしっとりと焼き上がります。どんなトッピングとも合う、くせのないおいしさです。

材料 (2枚分)

A ┌ 強力粉 …………… 210g
　├ ドライイースト …… 小さじ1
　├ 塩 ………………… 3g
　└ オリーブオイル …… 大さじ1

ごはん …………… 100〜150g
　　（分量はお好みで調節を）
水 ………………… 130ml

● トッピング
　A = トマトソース、チーズ、トマト、たまねぎ、マッシュルーム、ベーコン
　B = 味噌だれ（58ページ参照）、チーズ、ねぎ、焼き鳥

作り方

① •【材料を混ぜる】ボールにAの材料を入れて混ぜ、さらにごはんと水を加え混ぜ、手でまとめる。
② •【生地をこねる】〜⑤•【ガス抜き】
　［「基本のごはんパン」（26〜27ページ）≪手ごねでの作り方≫②〜⑤参照］
⑥ •【ベンチタイム】2等分して丸め、滑らかな面が上になるように並べる。ラップまたは固く絞った濡れ布巾をかけて10分休ませる。
⑦ •【成形】直径30cmくらいに丸く伸ばし、トッピングのソースやたれを塗り、具材をのせる。
⑧ •【焼成】250℃に予熱したオーブンで8分ほど焼く。

[ポイント＆アドバイス]
⇒ ⑦　生地をめん棒で伸ばし、両手で少しずつ引き伸ばして大きくしたら、丸く形を整えましょう。

ごはんパン

47

「ごはんパン」の科学

「ごはんパン」の育ての親？

　最近、家電量販店のホームベーカリー売り場でも「ごはんパン」の文字をよく目にするようになりました。2008年、炊飯米つまり炊いたごはんを使ってパンを焼いてみたらおもしろいのではないかという思いつきがきっかけで「ごはんパン」の研究を始めましたが、それがここまで広がるとは思ってもみませんでした。このパン自体は私のオリジナルではありませんが、当初ちまたでは「ご飯パン」といわれていたのが、私が研究発表で使っていた「ごはんパン」となってきたので、研究成果が普及に一役買っているようです。少なくとも、そう自負しています。

「ごはんパン」はおいしい！

　食品は、まず食べておいしいかどうかが重要です。その点、「ごはんパン」はクリアしていました。実はこの時点で科学が始まっているのです。人が食べて評価する「官能評価」は、れっきとした分析手法。一口食べておいしさの違いがわかれば2点、微妙だったのでもう一口食べてわかったら1点というように、点数をつけて評価をします。これをいろいろなパンと比較しながら多項目で行ないました。すると、ごはんの割合が20％のときが一番膨らんで、ごはんを入れれば入れるほど「もちもち」になりました。最終的に、ごはんを入れると「もちもち」「しっとり」とした食感が非常に出やすいことがわかったのです。

理化学機器分析でも証明済み

　実験機器を使って、物理的あるいは化学的側面からも評価を行ないました。パンの膨らみ度合いは、単位重量あたりの体積で評価します。レーザー体積計を使って焼き上がったパンの表面の凸凹も含め、正確に体積を計ります。ごはん割合20％のときは、小麦粉パンより膨らみます。また、ファーモグラフ装置での発酵ガス解析で、パンの膨らみが良い原因は、発酵ガスの漏出が少ないことをつきとめました。パンを押しつぶしたときの反発力測定でパンのかたさがわかるのですが、ごはんを使うことにより、やわらかくなることもわかりました。パンのやわらかさが持続して、次の日でもかたくならずにフワフワの食感が維持されるのです。パン生地に含まれているマルトース（麦芽糖）が多いことも分析でわかりました。米を炊くときにデンプン分解酵素が働き、麦芽糖が増加することがパン生地にも影響を与えています。今のところ、麦芽糖がしっとりした食感に関与しているのではないかと考えています。

「ごはんパン」にふさわしい米とは

　いろいろわかってくると、次に気になることは、どんなごはんがいいのか？　ということです。米にはコシヒカリやあきたこまち、ひとめぼれなど色々な品種があり、現在、数百種類が栽培されています。もち米や外国の米もあります。幅広い米を集めて炊飯して、ごはんパンの膨らみに影

響を与える原因を調べました。その結果、粘ってやわらかい炊飯米がパンをよく膨らませるということがわかりました。つまり、日本人が食べて一般的においしいごはんなら、パンがよく膨らむというわけです。東南アジアで食べられているような米は、残念ながらパンには向きません。同じことですが、冷蔵庫で冷えてかたくなったごはんも、そのままではパンに向きません。電子レンジで温め直すとパンに使えますが、それもごはんの特性と同じです。

デンプンの特性で考える

稲は田んぼで太陽のエネルギーを使ってデンプンを光合成します。最終的に稲穂にデンプンが集まるのですが、デンプンには性質の異なるものがあって、アミロペクチンというデンプンの種類が多いと、粘りが多くなります。日本の米は東南アジアの米に比べてアミロペクチンの割合が高く、粘る傾向にあります。パンにはおいしいごはんが向いていて、東南アジアの米が向いていないのはアミロペクチンからもわかりますが、アミロペクチンだけの米もあります。もち米です。ごはんパンを一番膨らませるのはもち米ですが、粘りは製パン作業の妨げになる場合もあります。その点は注意が必要です。

主食であり食材でもあり

米は世界では年間5億トンほど生産されており、アジアを中心に消費されています。日本国内では米離れがいわれているものの、1日3食のうち1食は米を食べていることから、米離れイコール米嫌いではなく、単に食生活の多様化の結果です。その中で日本人の好みに合った食感を出しやすい「ごはん」をパン作りの食材の一部として利用することは、やはり日本人のルーツをくすぐるものであるといえるでしょう。

ごはんパン

理化学機器で実験中の奥西さん。米など穀類の利用拡大を目指して、日々研究を行なっている。

奥西 智哉
(おくにし ともや)
独立行政法人　農研機構
食品総合研究所
食品素材科学研究領域
上席研究員(穀類利用ユニット長)

ヘルシーな ごはんの軽食

Part 3

ちょっと小腹が空いたときには、残りごはんやお米で作れるお手軽メニューがおすすめ。ごはんは胃にやさしいのに腹もちが良いので、夜食にもぴったりです。

ごはんお好み焼き

ごはんで作るお好み焼きは、表面はパリッ、中はもちっの食感が楽しめます。

調理時間 10分

材料（2枚分）
卵	1個
ごはん	150g
キャベツ[短め千切り]	1枚分
白ねぎ[小口切り]	10cm分
乾燥桜えび	大さじ1
かつお節	ひとつまみ
しょうゆ	小さじ1/2
● トッピング	
ソース、マヨネーズ、青のり、かつお節、紅しょうがなど	お好みで各適量

作り方
① ボールに卵を溶きほぐし、その他すべての材料を加え混ぜる。
② フライパンにサラダ油（分量外）を熱し、①を丸く広げる。卵が固まってきたら裏返し、焼き色がつくまで焼く。お好みでソースや紅しょうがをトッピングする。

卵とじゃこのチャーハン

定番のお手軽メニュー。家に常備してある材料で、いつでもさっと作れます。

調理時間 10分

材料（2人分）
サラダ油	大さじ2
卵	2個
ごはん	400g
味付け海苔	6枚
じゃこ	大さじ2
万能ねぎ[小口切り]	4本分
A しょうゆ	大さじ1
塩こしょう	適量
かつおぶし	1パック
白ごま	小さじ2

作り方
① フライパンを強火にかけ、サラダ油を熱し、溶きほぐした卵を入れる。かき混ぜずに待ち、半熟になったらごはんを入れ、ほぐすように炒める。
② ちぎった味付け海苔、じゃこ、万能ねぎを加え、ごはんがぱらぱらになるまで炒める。Aの材料で味を調える。

冷やごはんの赤ワインリゾット

ひと手間かければ、残りごはんがおしゃれに変身。簡単に冷やごはんがリゾット風に。

調理時間 10分

材料（2人分）
冷やごはん	200g
水	2カップ（400ml）
赤ワイン	大さじ2
塩こしょう	適量
バター	15g
粉チーズ	大さじ1
パセリ	少々

作り方
① 鍋に冷やごはん、水、赤ワインを入れ、ごはんをほぐしながら沸騰させる。
② 沸騰したら弱火にし、かき混ぜながらさらに煮る。
③ 水分がほとんどなくなったら、塩こしょう、バター、粉チーズを入れて味を調える。器に盛り、刻んだパセリを散らす。

冷やごはんの赤ワインリゾット

ごはんお好み焼き

ごはんの軽食

卵とじゃこのチャーハン

51

長いもドリア

たっぷりの長いもで、ふんわり。
あっさり和風の味付けが
年配の方にも喜ばれます。

調理時間 15分

材料 (2人分)

鶏ひき肉	150g
白ねぎ[みじん切り]	10cm
卵	1個
A 酒	小さじ1
みりん	小さじ1
塩	ひとつまみ
しょうゆ	大さじ1/2
味噌	小さじ1
長いも[すりおろし]	200g
ごはん	400g
万能ねぎ[小口切り]	適量
しょうゆ、すだち	お好みで適量

作り方

① ボールに鶏ひき肉を入れてほぐし、白ねぎと卵を入れ、Aを加え混ぜる。
② すりおろした長いもを少しずつ加え混ぜる。
③ 耐熱容器にごはんを入れ、その上に②を流し、魚焼き器かオーブントースターでこんがり焼く。万能ねぎを飾り、お好みでしょうゆなどをかける。

雑穀とにんじんのピラフ

雑穀を使ったヘルシーなピラフは、
ちょっと和風な仕上がり。
きれいな色も魅力です。

調理時間 40分

材料 (2～3人分)

バター	10g
米	2合
雑穀ミックス	大さじ4
にんじん[すりおろし]	大さじ2
チキンブイヨン(固形コンソメを湯で溶いたもの)	450ml
パセリ	1本
塩こしょう	適量

[準備]

・米をとぎ、雑穀と共にざるに上げる。
・パセリは軸と葉に分け、葉の部分は刻む。

作り方

① 鍋にバターを溶かし、米と雑穀を軽く炒める。
② にんじん、チキンブイヨン、パセリの軸、塩こしょうを加えてふたをする。最初は強火、沸騰したら弱火にし、10分加熱する。
③ 火を止めてそのまま10分蒸らし、器に盛り、刻んだパセリを散らす。

ごはんの軽食

おやつパエリア

手間がかかりそうなパエリアも、冷凍食品を使えば簡単。カレー風味で、子どもも喜ぶ味付けです。

材料（1〜2人分）

- サラダ油 ………………… 大さじ1
- 米 ………………………… 1合
- たまねぎ[みじん切り] …… 大さじ2

A
- 水 ……………… 1カップ（200ml）
- カレー粉 ……………… 小さじ1/4
- 塩こしょう ……………… 少々
- ソース …………………… 大さじ1
- 酒 ………………………… 大さじ1

- ミックスベジタブル ……… 大さじ1
- シーフードミックス ……… 50g
- バター …………………… 10g

作り方

① 小さめのフライパンにサラダ油を熱し、中火で米を軽く炒める。

② 全体に油が馴染んだらたまねぎを加え炒める。

③ Aを混ぜて加え、米の上に解凍したミックスベジタブルとシーフードミックスをのせ、アルミ箔でふたをして、弱火で20分煮る。

④ 仕上げにバターをちぎって鍋肌から入れ、一瞬強火にしてから火を止める。

調理時間 40分

[ポイント＆アドバイス]

⇒ ③ アルミ箔で軽くふたをすることで、パエリア風に米の芯が少し残る状態に仕上がります。

⇒ ④ バターを入れてパリパリと音がしてきたら火を止めましょう。

もちもちニョッキ

スナック感覚で食べられるお手軽メニュー。
ごはんの粘りが加わった、もっちもちの食感がたまりません。

材料（1人分）

じゃがいも ………………… 1個

A
- ごはん ………………… 80g
- 塩 ……………………… ひとつまみ
- 粉チーズ ……………… 大さじ2

揚げ油 …………………… 適量
塩こしょう ……………… 適量

作り方

① じゃがいもは皮をむき、水からゆでてやわらかくする。
② ボールに移し、すりこぎやフォークでつぶし、熱いうちにAの材料を加え混ぜる。
③ ペースト状になったら直径2cmに丸める。
④ 170℃に熱した揚げ油で揚げ、熱いうちに塩こしょうを振る。

[ポイント&アドバイス]

⇒ ④ 油の中でニョッキが浮き上がり、こんがりと色づいたら引き上げましょう。

調理時間 30分

ごはんの軽食

おこげスナック

ごはんをカリカリに揚げて、スナックにしてみました。
お好みで、いろいろな味付けを楽しんでみましょう。

材料（約20個分）

ごはん	100g
薄力粉	適量
揚げ油	適量
砂糖	大さじ1
塩	小さじ1/4
青のり	適量

[アレンジ]

砂糖＋塩＋青のり以外にも、粉チーズ＋刻みパセリ、塩＋パプリカパウダー、塩＋こしょうなどでもおいしくできます。

作り方

① ごはんをラップにはさみ、めん棒で5mm厚さに伸ばす。2cm角に印をつけ、冷凍庫で凍らせる。
② 完全に固まったら冷凍庫から出し、ラップをはずして、印をつけたところで折ってばらばらにする。
③ 薄力粉を入れたバットに②を入れてまぶしつけ、揚げ油で揚げる。
④ 砂糖、塩、青のりをあらかじめ混ぜておき、熱いうちにまぶす。

調理時間 30分 （＋冷凍60分）

[ポイント＆アドバイス]

⇒ ① 定規と包丁の背を使って上からしっかりと押さえ、2cm×2cmになるように印をつけましょう。

⇒ ③ 鍋に揚げ油を入れて180℃に熱し、こんがりとなるまで揚げます。

製氷皿を使うと、
かわいいおむすびが簡単に作れます。
小さくて食べやすいので、
お弁当にもぜひどうぞ。

プチおむすび

材料（2人分）

温かいごはん……………… 400g
海苔、とろろこんぶ、野沢菜…各適量

- 具材
  ソーセージ、明太子、チーズ、
  鮭フレーク、たくあん など
  ………………………各適量

作り方

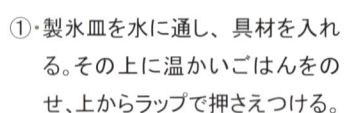

調理時間 20分

① 製氷皿を水に通し、具材を入れる。その上に温かいごはんをのせ、上からラップで押さえつける。
② ひっくり返して出し、海苔やとろろこんぶを巻いて、皿に盛りつける。

[**ポイント＆アドバイス**]

・具材は一口で食べられる大きさに切りましょう。

⇒ ① ごはんをのせてラップをかけ、手でぎゅっぎゅっと押し固めます。

四角い焼きおにぎり

材料（6個分）

ごはん	250g
白ごま	適量
鮭フレーク	適量
大葉[みじん切り]	2枚分
砂糖じょうゆ	
	（しょうゆ大さじ1+砂糖小さじ2）

調理時間 20分

作り方

① ごはんに白ごま、鮭フレーク、大葉のみじん切りを混ぜる。

② 卵焼き器に①を入れ、四角くまとめる。火をつけて中火で焼き色をつける。

③ 砂糖じょうゆを塗りながらさらに焼く。全体が焼けたら切り分ける。

[ポイント&アドバイス]

⇒ ② 水で塗らしたフライ返しやしゃもじを使い、ぎゅうぎゅう押さえつけて四角く固めます。1面ずつ転がしながら焼きましょう。

卵焼き器でごはんを固めて、そのまま焼き色をつけましょう。香ばしい焼きおにぎりが、あっという間にできあがり。

ごはんの軽食

Part 4

手軽に作れる
伝統おやつ

もち米やだんご粉の代わりにごはんを使うと、
昔ながらのおやつがもっと手軽に。
焼いたり揚げたり蒸したりと、ごはんは変幻自在。
ヘルシーな和のおやつを、おいしく手作りで楽しみましょう。

ごはんもち

調理時間 20分

材料（12個分）

温かいごはん	340g
薄力粉	1カップ(100g)
砂糖じょうゆ	適量

● 味噌だれ

味噌	40g
砂糖	40g
みりん	小さじ1
酒	小さじ1

[準備]

・味噌だれを作る。鍋にすべての材料を入れ、焦がさないように混ぜながら弱火にかけて、ねっとりしてきたら火を止める。

作り方

① ボールにごはんを入れ、薄力粉をまぶし入れてすりこぎで練り、ひとかたまりにする。
② めん棒で1cm厚さに伸ばし、水で濡らした包丁で3cm×5cm角くらいに切る。
③ 鍋に湯を沸騰させて②をゆで、浮き上がってきたらざるに上げる。
④ オーブントースターに入れ、焼き色をつける。砂糖じょうゆや味噌だれを添える。

[ポイント＆アドバイス]

⇒ ① すりこぎでしっかり練りましょう。ビニール袋に入れて手で揉んでもいいでしょう。

秋田とお米のいい関係

　私が生まれ育った秋田は米どころ。好天が続けば「おいしいお米が取れるかな」などと、自然と会話にお米の話が出てくるのは日常茶飯です。美食、美酒の地、秋田の食は、お米が母といっても過言ではありません。

　でも、秋田ではお米が豊富にあるからといって無駄にするのではなく、古くから大切に食べる工夫がなされていました。現代では年によって収穫量や出来にそれほど差はありませんが、つい最近まで、その年の天候や作付した場所、育て方など様々な要因で、出来に差が付いたものでした。そのため、どんなお米でも工夫して使い切るようにしていたのです。

　たとえば、くず米といわれる小さなお米は、発酵させて麹にし、漬物や味噌、清酒などの様々な発酵食品の素となります。また、お米をすりつぶした粉は、団子などのお菓子の材料にもなります。さらに秋田には「あさづけ（こざきねり）」というそもそもはくず米を使ったおやつがあります。米をすり鉢ですり、水とともに火にかけて砂糖や酢で味をつけた甘酸っぱいおやつです。小さい頃にはその独特な味が苦手でしたが、くず米でも感謝して食べ切る昔の人の工夫を知って、脱帽するしかありません。

もち米を使わなくても、
残りごはんでおもちが作れます。
しっかり練るのがおいしさのポイントです。

伝統おやつ

ごはん団子

ごはんを使えば、お団子も手軽で簡単。
たれやきなこ砂糖を用意して、お好みの味で召し上がれ。

材料（2人分）

温かいごはん	200g
片栗粉	大さじ2
砂糖	大さじ1

● たれ

砂糖	大さじ7
しょうゆ	大さじ3
水	120ml
片栗粉	大さじ1

● きなこ砂糖

きなこ	大さじ2
砂糖	大さじ1

[準備]

・たれを作る。鍋にすべての材料を入れ、混ぜながら中火にかけて、とろみがついたら火からおろす。

・きなこと砂糖を混ぜて、きなこ砂糖を作る。

調理時間 15分

作り方

① ボールにごはん、片栗粉、砂糖を入れ、すりこぎでごはん粒がなくなるまでよくつぶす。
② 3cmくらいの大きさに丸める。
③ 鍋に湯を沸騰させ、3分ほどゆでる。浮いてきたらざるに上げ、氷水で冷やす。水気を切って皿に盛り、たれやきな粉砂糖を添える。

伝統おやつ

ごはんおはぎ

やさしい甘さと素朴な味わいのおはぎ。
残りごはんで食べたいときに作れます。

材料（6個分）

温かいごはん	300g
砂糖	小さじ1
塩	ひとつまみ
こしあん（市販）	80g

- きなこ砂糖
  - きなこ　　大さじ2
  - 砂糖　　　大さじ1

- ごま砂糖
  - ごま　　　大さじ2
  - 砂糖　　　大さじ1

［ 準備 ］

・材料をそれぞれ混ぜて、きなこ砂糖とごま砂糖を作る。

作り方

① ボールにごはん、砂糖、塩を入れて、すりこぎでごはんがもちもちするまでよくつぶす。
② 6等分してだ円に丸める。
③ 2個はこしあんで包む。2個はきなこ砂糖、2個はごま砂糖をそれぞれまぶす。

［ ポイント＆アドバイス ］

⇒ ③　ラップの上にこしあんを2等分して伸ばし、だ円にしたごはんをのせて、ラップごと包んで形を整えます。

調理時間 20分

せんべい・あられ・ぬれおかき

焼いたり揚げたりして、
残りごはんで3種のお菓子を作りましょう。
せんべいとあられはカリカリの歯ごたえ、
ぬれおかきはみりんしょうゆがしみ込んだ、
しっとりとした食感が魅力です。

あられ

調理時間 10分 （+ごはん乾燥）

材料（作りやすい分量）

サラダ油	大さじ1/2
ごはん	200g
しょうゆ	大さじ1/2
砂糖	小さじ1

[準備]
- ごはんをざるに入れて洗い、風通しの良い所で2〜3日乾燥させ、ぱらぱらにする。（5ページ参照）
- しょうゆと砂糖を混ぜて、砂糖じょうゆを作る。

作り方

① 鍋にサラダ油と乾かしたごはんを入れ、中火で鍋をゆすりながら全体が薄いきつね色になるまで炒る。
② 砂糖じょうゆを回しかけてからめ、火を止める。

せんべい

材料（12枚分）

ごはん	200g
塩水（海水くらい）	少々

ごま、ゆかり、ふりかけ、かつお節、じゃこ など　　お好みで適量

③

作り方

調理時間 20分

① ボールにごはんを入れ、すりこぎを塩水につけながらよくつぶす。
② ごまやゆかりなど好みの材料を加え、しっかり混ぜる。
③ 3cmくらいのボール状に丸めて、クッキングシートにはさみ、めん棒で丸く伸ばす。
④ クッキングシートをはずし、フライパンまたはホットプレートで焼き目をつける。

[アレンジ]
- しょうゆせんべい
  ④の焼き上がり際に、はけでしょうゆを塗る。
- 揚げせんべい
  鍋に揚げ油を入れて180℃に熱し、③をクッキングシートを片面付けたまま油に入れる。からりと揚がったら取り出し、塩少々をまぶす。

あられ　　　　　　せんべい

[せんべいアレンジ]
揚げせんべい

伝統おやつ

ぬれおかき

ぬれおかき

材料（8個分）

ごはん ……………………… 150g
上新粉 …………………… 大さじ1
塩水（海水くらい）………… 適量
白ごま …………………… 小さじ1
みりん、しょうゆ ………… 各適量

[準備]
・みりんとしょうゆを混ぜ、みりんしょうゆを作る。

作り方

① ボールにごはんと上新粉を入れ、すりこぎでよくつぶす。

② 塩水で濡らした手でこねる。半分に分け、片方には白ごまを入れて混ぜ込む。

③ 8等分して丸め、1cm厚さの四角い形にする。

④ ざるに並べ、風通しの良い所で4時間〜半日ほど乾かす。

⑤ 焼き網にのせ、弱火で両面をじっくり焼く。みりんしょうゆにおかきを浸し、もう一度、乾かす程度に焼く。

④

調理時間
30分（+乾燥）

おこし

干したごはんで作る、カリカリのおこしです。
香ばしいピーナッツと、甘辛い味がくせになるおいしさです。

材料（製氷皿1枚分）

ごはん	150g
揚げ油	適量
砂糖	大さじ4
水	小さじ2
しょうゆ	小さじ1/5
ピーナッツ、ごま	各大さじ1

[準備]
- ごはんをざるに入れて洗い、風通しの良い所で2〜3日乾かしておく。（5ページ参照）
- ピーナッツは粗みじんに刻む。
- 製氷皿にサラダ油（分量外）を薄く塗る。

作り方

① 鍋に揚げ油を180℃に熱し、乾かしたごはんを揚げる。
② 別の鍋に砂糖、水、しょうゆを入れ、火にかける。砂糖が溶けて煮立ったら①を入れ、ピーナッツ、ごまを加えて一気にかき混ぜる。
③ 熱いうちに製氷皿に入れ、ラップやクッキングシートをかけてぎゅっと押し固める。しっかり固まったらひっくり返し、型から出す。

調理時間 20分（+ごはん乾燥）

[ポイント＆アドバイス]

⇒ ① 熱した油にぱらぱらになったごはんを入れ、10秒ほどでふくらんだら取り出します。

⇒ ③ 熱いので、やけどをしないよう、気をつけましょう。

中華ごはんもち

ひき肉入りの、中華もち風のおやつです。
ごはんたっぷりの皮は、もちっとした食感です。

伝統おやつ

材料（4個分）

- 皮
  - ごはん ……………… 150g
  - 水 ………… 1/2カップ（100ml）
  - 小麦粉 ……………… 70g
  - 片栗粉 ……………… 40g
  - 塩 …………………… 少々
- 具
  - 豚ひき肉 …………… 120g
  - 白ねぎ[粗みじん] …… 大さじ2
  - しょうが[すりおろし] … 小さじ1/2
  - しょうゆ …………… 大さじ1/2
  - オイスターソース …… 小さじ1
  - 酒 …………………… 小さじ1
  - ごま油 ……………… 小さじ1
- 酢しょうゆ ……………… 適量

作り方

① ミキサーにごはんと水を入れて、トロトロになるまで混ぜる。
② ボールに移し、小麦粉、片栗粉、塩を混ぜて、表面が滑らかになるまでしっかりこねる。そのままラップに包み、10分休ませる。
③ ボールに具のすべての材料を入れ、粘りが出るまで混ぜる。
④ 皮と具をそれぞれ8等分する。皮をめん棒で丸く伸ばし、具を包む。
⑤ フライパンにサラダ油（分量外）を入れ、中火で両面を香ばしく焼き、さらにふたをして弱火で5分ほど蒸し焼きにする。酢しょうゆをつけて食べる。

[ポイント＆アドバイス]

⇒ ④ 伸ばした皮に具をのせ、皮を中心に集めるように包みます。

調理時間 40分

蒸し羊羹がレンジで
手軽に作れます。
ゆであずきでさつまいもを包み、
やさしい甘さに仕上げます。

いも蒸し羊羹

材料（5cm×18cm　1本分）

ごはん	100g
水	大さじ4
ゆであずき（缶詰）	210g
片栗粉	大さじ2
さつまいも	1/2本（150g）

[準備]
・さつまいもは皮をむき、1cm角のさいの目に切り、水にさらす。

作り方

調理時間 30分（+冷蔵庫）

① ミキサーにごはんと水を入れ、トロトロになるまで混ぜる。
② ボールに移し、ゆであずき、片栗粉を加え混ぜる。
③ ラップに広げて水気を切ったさつまいもをのせ、形を整えて包み、600Wの電子レンジで8分ほど加熱する。
④ まきすで巻いてゴムで止める。そのまま冷まし、冷蔵庫で冷やし固める。

[ポイント＆アドバイス]

⇒③ ラップごと包んで形を整えましょう。

⇒④ 加熱が終わったらレンジからすぐ取り出し、ラップごとまきすでギュッと巻きましょう。

伝統おやつ

五穀米まんじゅう

調理時間 40分

五穀米のごはんを
ほんのり甘い皮で包んだ、
ちょっと変わったおまんじゅう。
蒸し立てはいっそうおいしく
食べられます。

材料（6個分）

炊いた五穀米	120g
砂糖	大さじ1
塩	少々
黒ごま	少々

● 皮

A ┌ 薄力粉 ……………… 150g
　├ ベーキングパウダー … 小さじ1
　├ 塩 ………………… 小さじ1/4
　├ 砂糖 ……………… 大さじ1 1/2
　├ 水 ………………… 70ml
　└ サラダ油 ………… 小さじ2

[準備]
・Aの材料を合わせてふるう。

作り方

① ビニール袋に五穀米、砂糖、塩を入れ、ごはん粒が軽くつぶれてしっとりするくらいまでよく揉む。6等分して丸めておく。
② ボールにふるったAの材料を入れる。水、サラダ油を加え、さいばしで混ぜる。
③ 生地の表面が滑らかになるまで手で5分ほどしっかりとこね混ぜてラップをし、常温で30分寝かせる。
④ 棒状に伸ばし、包丁で6等分する。めん棒で丸く伸ばし、①をのせて包み、丸めてクッキングシートにのせる。黒ごまをのせる。
⑤ 湯気の立った蒸し器に入れ、強火で10分ほど蒸す。

[アレンジ]
中に包むごはんは、赤飯でもおいしくできます。

おやき

材料（8個分）

- 皮
  - A
    - ごはん …………………… 300g
    - 水 ………………… 1カップ（200ml）
  - 小麦粉 …………………… 140g
  - 片栗粉 …………………… 80g
  - 塩 …………………… ひとつまみ

- かぼちゃあん
  - かぼちゃ（種とわたを除いて）
    …………………… 150g
  - 砂糖 …………………… 大さじ1/2
  - 塩、しょうゆ …………………… 各少々
  - 黒ごま …………………… 小さじ1

- なすねぎ味噌あん
  - なす …………………… 1本
  - 白ねぎ[小口切り] …………………… 1本分
  - サラダ油 …………………… 大さじ2
  - B
    - 味噌 …………………… 大さじ1
    - みりん …………………… 大さじ1
    - 酒、砂糖 …………………… 各大さじ1/2

作り方

調理時間 60分

① <皮>ミキサーにAの材料を入れ、トロトロになるまで混ぜる。ボールに移し、小麦粉、片栗粉、塩を加え混ぜる。

② <かぼちゃあん>かぼちゃをよく洗い、種とわたを取り除く。そのままラップに包み、600Wの電子レンジで約5分、竹串が通るまで加熱する。ボールに移し、熱いうちにつぶして残りの材料を加え混ぜる。

③ <なすねぎ味噌あん>なすは縦半分に切って横に薄切りにする。フライパンにサラダ油を熱し、なすを炒めてから白ねぎを加えて炒める。Bを加え味をつけて火を止め、冷ましておく。

④ ①の生地を8等分して丸く伸ばし、②③のあんを4個ずつ包む。

⑤ フライパンに少量のサラダ油（分量外）を熱し、④をつなぎ目を下にして並べ、ふたをして中火で両面ともこんがり焼く。

⑥ 焼き目がついたら水を1cmほど注ぎ、ふたをして水がなくなるまで蒸し焼きにする。

[ポイント＆アドバイス]

⇒④ 手のひらで生地を丸く伸ばし、真ん中にあんを置き、生地を伸ばしながら中心に集め、集まった生地を全部持って一回ひねって包みます。

ごはん入りの皮で、
野菜のあんを包んで焼きます。
昔ながらの素朴で
ヘルシーなおやつです。

伝統おやつ

69

きりたんぽ

材料（小8本分）

温かいごはん（やわらかめ） … 2合分
塩水（海水くらい） ……………… 少量

● クルミ味噌
　クルミ ……………………… 大さじ2
　味噌 ………………………… 大さじ1
　白ねりごま ………………… 大さじ1
　砂糖 ………………………… 大さじ2
　しょうゆ …………………… 大さじ1
　みりん ……………………… 大さじ1

[準備]
・クルミ味噌を作る。クルミを包丁で細かく刻み、すり鉢かフードプロセッサーで、他の材料といっしょに滑らかになるまですりつぶす。

作り方

調理時間 30分

① ・ボールにごはんを入れ、すりこぎに塩水をつけながら、粒が半分つぶれるくらいまでつぶす。
② ・手に塩水をつけて、3cm×6cmくらいの棒状に伸ばす。
③ ・魚焼き器かオーブントースターで、表面に焼き色がつくまでしっかり焼く。クルミ味噌をつけて食べる。

[ポイント＆アドバイス]
⇒①② 塩水をつけながらごはんをつぶしてまとめると、塩の浸透圧で、もっちりとした仕上がりになります。煮込んでもくずれません。

秋田の代表的な郷土料理、きりたんぽ。
鍋に入れるのが定番ですが、
甘いクルミ味噌を塗れば、おやつにもぴったりです。

「きりたんぽ」が生む楽しい時間

今では「食べたい鍋」ベスト3に入るほど有名になったきりたんぽ鍋。きりたんぽの作り方は、すりこぎに塩水をつけながら、ごはんをつぶします。ちょっと言葉は悪いですが「半殺し」というごはんが半分つぶれたくらいがちょうどいい具合。杉の棒に手でごはんをつけて長い槍（たんぽ）状にし、炭火であぶってこんがりと焦げ目をつけます。表面だけでなく、中もおもちのように膨らみ、湯気が出てきたら食べ頃です。

秋田では稲刈りが終わると、親戚や地域の親睦を兼ねて「たんぽ会」が催されます。作り立てのきりたんぽの入った鍋とお酒を囲んで、笑顔がこぼれる風景は秋の風物詩です。実は私も家庭用のきりたんぽ焼き機を持っており、ホームパーティーの際に活躍しています。ごはんをつぶし、棒につけてあぶるプロセスは、誰もが夢中になり、一気に連帯感が生まれるのが不思議です。きりたんぽには、そんな魔法の力もあるのです。

伝統おやつ

ひんやりすっきり　Part 5
デザート&ドリンク

ごはんは、冷たいデザートやドリンクにだって変身します。
やさしい甘さのごはんのメニューは、のどごしが良くて、後味さっぱり。
もっちり、ぷるん、とろ〜りの、おいしい食感も楽しめます。

ごはん白玉

材料（12個分）

ごはん	100g
片栗粉	大さじ1
砂糖	大さじ1/2

作り方　調理時間 30分

① ボールにすべての材料を入れ、すりこぎでつぶし混ぜる。粒がなくなったら12等分して丸める。

② 鍋に湯を沸騰させて①を3分ほどゆで、浮き上がってきたらざるに上げ、氷水で冷やす。

[アレンジ 1]
黒ごましるこ

材料（1人分）

ごはん白玉	6個
● 黒ごまあん	
黒練りごま	大さじ2
砂糖	大さじ3
塩	少々
水	1カップ（200ml）

作り方

① ボールに黒練りごまを入れ、砂糖、塩を加えて水で伸ばす。

② 器に入れ、ごはん白玉を浮かべる。

[アレンジ 2]
しょうがシロップの団子

材料（1人分）

ごはん白玉	6個
● しょうがシロップ	
しょうが[薄切り]	100g
砂糖	200g
水	1 1/2カップ（300ml）
レモン汁	大さじ1

作り方

① 鍋にしょうが、砂糖、水を入れ、30分ほど放置する。

② 鍋を沸騰させ、弱火で15分ほど煮る。レモン汁を加えて火を止め、冷ます。

③ 器に入れ、同量のお湯で伸ばし、ごはん団子を浮かべる。

ごはんの白玉はどんな味にも合うから、
アイデア次第でメニューいろいろ。
ごまあんとしょうがシロップの、2種のアレンジを紹介します。

デザート&ドリンク

もっちりマンゴープリン

材料（4個分）

完熟アップルマンゴー ………… 1個
ごはん ……………………………… 40g
100%オレンジジュース
　　　　　………… 3/4カップ（150ml）
砂糖 ……………………………… 大さじ4
ゼラチン …………………………… 8g
生クリーム ………… 1/4カップ（50ml）

[準備]
・アップルマンゴーの果肉の部分を200g取り分け、残りを角切りにする。
・ゼラチンは水40ml（分量外）でふやかす。

作り方

① ミキサーにマンゴー200g、ごはん、オレンジジュース、砂糖を入れ、ピューレ状になるまで混ぜる。
② 鍋に入れ、弱火で焦げないようかき混ぜながら沸騰させる。火を止め、ゼラチンを加え余熱で溶かす。
③ 生クリームを加え混ぜ、マンゴーの角切りを入れた器に流し入れる。冷蔵庫で冷やし固める。

調理時間 20分（+冷蔵庫）

[アレンジ]
生クリームとコアントロー（フランスのオレンジで作られたリキュール）を合わせて泡立て器で少し混ぜ、とろみをつけたものをかけるのもおすすめです。

ごはんが入ると、もっちり食感に。オレンジジュースでさっぱりとした味に仕上がります。

ミルクたっぷりの
やさしい甘さのプリンに、
コーヒー風味をプラス。
黒みつをかけても、
おいしくいただけます。

デザート＆ドリンク

ココナッツコーヒープリン

材料（4個分）

ごはん	50g
ココナッツミルク	1カップ（200ml）
牛乳	120ml
A　砂糖	80g
インスタントコーヒー	大さじ1
生クリーム	120ml
ゼラチン	8g
● 黒みつ	
黒砂糖	50g

[準備]

・ゼラチンは水40ml（分量外）でふやかす。

・黒みつを作る。鍋に黒砂糖と水30ml（分量外）を入れ、鍋をゆすりながら砂糖が溶けるまで加熱して冷ます。

作り方

調理時間 **20分**（＋冷蔵庫）

① ミキサーにごはん、ココナッツミルク、牛乳を入れ、トロトロになるまで混ぜる。

② 鍋に①とAの材料を入れ、焦げないようかき混ぜながら弱火にかける。沸騰直前に火を止め、ゼラチンを加えて余熱で溶かす。

③ 粗熱を取って、氷水で冷やす。

④ とろみがついたらグラスなどに入れ、冷蔵庫で冷やし固め、黒みつをかける。

[ポイント＆アドバイス]

⇒ ③ 大きめのボールに氷水を入れ、鍋ごと入れて冷やしましょう。

アイスクリーム

材料（大流し缶1台分）

ごはん	100g
牛乳	1 1/2カップ（300ml）
砂糖	大さじ5
生クリーム	3/4カップ（150ml）
バニラエッセンス	3〜4振り

[準備]

・生クリームを泡立て器で8分立てにする。

作り方

① ミキサーにごはんと牛乳を入れ、トロトロになるまで混ぜる。

② 鍋に移し、砂糖を加え、弱火にかける。ふつふつとしてきたら火を止め、粗熱を取る。

③ 8分立てにした生クリーム、バニラエッセンスを加え混ぜ、大流し缶やバットに入れて冷凍庫へ。

④ まわりが少し固まってきたら冷凍庫から出し、スプーンでかき混ぜる。

⑤ ④を2〜3回くり返す。

調理時間 20分（+冷凍庫）

[ポイント＆アドバイス]

⇒ ④ 空気を含ませるように、全体をかき混ぜます。2〜3回くり返すと、仕上がりがなめらかです。

残りごはんが、
アイスクリームに見事な変身!
ごはんの甘みと粘りを活かした、
くせになるおいしさです。

ライスプディング

世界中で作られている
ごはんのデザートは、
ミルクでコトコト煮て作ります。
ラム酒で香りとコクが加わります。

材料（2個分）

A ┃ ごはん ……………………… 150g
　┃ 牛乳 ………… 3/4カップ（150ml）
　┃ ココナッツミルク
　┃ …………………… 1/2カップ（100ml）

きび砂糖（三温糖） ………… 大さじ2
リキュール（ラム酒など） …… 大さじ1

調理時間 20分（+冷蔵庫）

作り方

① 鍋にAの材料を入れて弱火にかけ、ごはんをくずしたら、きび砂糖を加える。焦げないようかき混ぜながら、おかゆ状になるまで煮る。
② リキュールを加え、とろ火でさらに4〜5分煮込み、火を止める。
③ 容器に入れ、冷蔵庫でよく冷やす。

[ポイント＆アドバイス]
⇒ ① ごはんがトロトロのおかゆ状になるまで、かき混ぜながら煮ます。焦げやすいので要注意。

[アレンジ]
お好みで、シナモンを茶こしで振りかけてもいいでしょう。

ブランマンジェ

材料（4個分）

ごはん ……………………………… 200g
牛乳 ………………… 1 1/4カップ（250ml）
生クリーム …………… 1/2カップ（100ml）
砂糖 ……………………………… 大さじ3
コンデンスミルク ………………… 大さじ1
ゼラチン …………………………… 7g
いちご、キウイフルーツ
　………………………… お好みで適量

[準備]
・ゼラチンは水35ml（分量外）でふやかす。

調理時間 20分（+冷蔵庫）

作り方

① ミキサーにごはんと牛乳を入れトロトロになるまで混ぜる。
② 鍋に移し、生クリーム、砂糖、コンデンスミルクを加え混ぜ、沸騰させる。火を止め、ゼラチンをちぎって加える。
③ ゼラチンが溶けたら粗熱を取り、型に流す。冷蔵庫に入れて冷やし固める。
④ 型から出し、お好みでカットしたフルーツを飾る。

フランス語で「白い食べ物」という意味のブランマンジェ。
旬のフルーツともよく合います。

デザート＆ドリンク

ごはんが入った甘酒は、
とろりとして、やさしい甘さ。
34ページの「甘酒パン」にも
活用できます。

冷凍バナナとアイスで、
ひんやり甘いドリンクです。
ごはんが入っているから栄養もたっぷり。
食欲のないときにもおすすめです。

甘酒

調理時間 05分
（＋放置時間10分）

材料（6～8人分）

ごはん	100g
水	3カップ（600ml）
酒粕（板かす）	100g
砂糖	60g
塩	1つまみ

作り方

① ミキサーにごはんと水を入れ、トロトロになるまで混ぜる。
② 鍋に①と酒粕を入れ、酒粕がぼろぼろにくずれるまで10分くらい放置する。
③ かき混ぜて、温める程度に加熱し、砂糖と塩を加えて軽く混ぜる。

バナナシェーク

調理時間 10分

材料（1人分）

ごはん	20g
牛乳	125ml
バナナ	小1本（70g）
バニラアイス	カップ約1/4個分（50g）
はちみつ	大さじ1

[準備]
・バナナは2cm角に刻んで冷凍しておく。

作り方

① ミキサーにごはんと牛乳を入れ、トロトロになるまで混ぜる。
② さらに冷凍したバナナとバニラアイスを加え滑らかになるまで混ぜ、最後にはちみつを加える。

著者 米本かおり

料理研究家　農林水産省6次産業化ボランタリープランナー
食農連携コーディネーター

1986年より、秋田市で料理教室「ワイズキッチン」を主宰。秋田県の食に関するアドバイザーとしてテレビや新聞、雑誌、講演等で活躍中。2009年に東京・玉川田園調布にて「北東北のマルシェ」、2012年には渋谷ヒカリエで米カフェのイベントをプロデュースする。著書は『調味料和洋中使い切りマジックレシピ』（講談社）、『米本かおりのキホンのおかずで素敵にアレンジ料理』（辰巳出版）。秋田市で地産地消をテーマにした飲食店「米カフェ」、洋菓子店「パティスリーマリアージュミユキ」を経営。
株式会社ワイズキッチン　代表取締役社長

Creative Staff

編集／藤本真美子

装丁・デザイン／大橋義一（gadinc.）

撮影／菅野 証（株式会社 PHOTOX）

料理アシスタント／一関真喜子　戸井田由美子

ごはんのおやつ
ふんわり、しっとり、もちもち。毎日食べたい手作りスイーツ＆パン

2013年5月25日第一刷発行
著者　米本かおり
発行者　三浦信夫
発行所　株式会社素朴社
〒164-0013　東京都中野区弥生町2-8-15　ヴィアックスビル4F
電話：03-6276-8301　FAX：03-6276-8385
振替　00150-2-52889　http://www.sobokusha.jp
印刷・製本　壮光舎印刷株式会社

ⓒ 2013 kaori Yonemoto, printed in japan
乱丁・落丁本は、お手数ですが小社宛にお送りください。送料小社負担にてお取替え致します。
ISBN978-4-903773-16-2　C 2077　価格はカバーに表示してあります。

素朴社の本・シリーズ「食彩生活」

子どもが喜ぶお酢すめ料理
著：藤野嘉子／赤堀博美
鶏のさっぱり煮やいわしの梅酢煮、プチトマトの甘酢、きゅうりのピクルスなど、子どもに食べさせたいお酢を使った「酸っぱくない」料理を紹介。

紅茶と楽しむ手づくりケーキ
編：ホームメイド協会
スポンジ生地をはじめバターケーキ・タルト・シュー・折り込みパイ生地など、基本の生地作りを解説した上で、マドレーヌやロールケーキ、マルグリット、タルトなど、紅茶を使ったケーキの作り方を紹介。

わが家で楽しむ世界のチーズ
著：江上佳奈美／佐藤光美／黒子弥生
フレッシュタイプから白カビ・青カビタイプ、ウォッシュタイプなど、世界の代表的なチーズ50種類とそれぞれの特性を活かした多彩な食べ方を紹介。

スパイス＆ハーブ簡単レシピ
著：祐成二葉
ひと振り、またはほんのひと匙加えるだけで多彩な香りや色、辛みをもたらしてくれるスパイスとハーブを生かしたパスタ、スープ、サラダなど、味と香りが響き合うメニューを紹介。

いちご大好き！幸せレシピ
著：德永睦子
ビタミンCが豊富で、健康にも美容にも嬉しいメニューを紹介。いちごを使ったお菓子やジャム、ドリンク、料理など、おいしく食べて、きれいになるためのいちごレシピ集。

米粉でクッキング＆パン作り
著：吉田育子
揚げ物に使えば衣がサクサクに、まぶして焼けばパリっと香ばしくなる米粉を使ったカレーやパスタなど、すぐ作れる多彩なメニューを紹介。

● 全て、A5判、オールカラー、96頁、定価：本体1,300円（税別）